DE L'ASSAINISSEMENT

DE MARSEILLE.

V

C.

DE L'ASSAINISSEMENT

ET

DU NETTOIEMENT

DES RUES DE MARSEILLE

ET DE SON PORT,

Ouvrage publié par souscription, au profit de l'Établissement
des Orphelines Marseillaises, et d'un oncle infortuné,
victime de la plus noire ingratitude ;

Par M. SEGAUD,

DOCTEUR EN MÉDECINE, ANCIEN MÉDECIN DES ARMÉES FRANÇAISES, MÉDECIN DES
PRISONS DE MARSEILLE, L'UN DES FONDATEURS DE LA SOCIÉTÉ ROYALE DE MÉDECINE
DE CETTE VILLE, MEMBRE DU COMITÉ CENTRAL DE VACCINE DU DÉPARTEMENT DES
BOUCHES-DU-RHÔNE, ET DE PLUSIEURS SOCIÉTÉS LITTÉRAIRES ET MÉDICALES, TANT
RÉGNICOLES QU'ÉTRANGÈRES.

> Palam inutire plebejo , periculum est;
> Dum sanitas constabit , pulcrè meminero.
>
> PHÆDRUS.

MARSEILLE,

TYPOGRAPHIE DE FEISSAT AÎNÉ ET DEMONCHY,
RUE CANEBIÈRE, N° 19.

1832.

DE L'ASSAINISSEMENT

ET

DU NETTOIEMENT

DES RUES DE MARSEILLE ET DE SON PORT.

———————

Nous étant occupé plusieurs fois de l'état physique et moral de Marseille, nous avons regardé comme un devoir de répondre à l'appel de l'Administration Municipale de cette cité, concernant une question importante d'hygiène publique qu'elle a mise au concours et qui est conçue en ces termes :

Quels sont les meilleurs moyens de nettoiement et d'assainissement des Rues de Marseille.

Avant d'entrer en matière, nous croyons d'abord devoir faire observer à nos juges que, ayant appris un peu tard la mise au concours de cette question, notre Mémoire pourrait bien se ressentir de la précipitation avec laquelle il a été rédigé. Quoique nous soyons persuadé qu'ils tiennent peu aux formes oratoires et aux phrases arrondies d'un écrit, et que l'essentiel pour eux c'est qu'il présente des vues utiles et propres à seconder leurs vues philantropiques, toutefois nous les prions de nous accorder leur indulgence : nous nous estimerions donc heureux, si notre travail simple et dégagé de toute espèce d'ornement pouvait obtenir un pareil résultat.

Lorsqu'on est appelé à traiter un sujet quelconque et que l'on est décidé à descendre dans l'arène, il est bon de sonder, auparavant, le terrain sur lequel on doit combattre, afin de connaître les endroits qui peuvent être les plus favorables à la lutte : c'est précisément ainsi que nous agirons dans l'occurrence présente : nous poserons, d'abord, les bases solides sur lesquelles doit reposer la question proposée ; après cela, nous présenterons des argumens clairs et précis, et nous les environnerons de preuves prépondérantes qui pourront peut-être convaincre et entraîner les personnes désignées pour en apprécier la juste valeur.

Pour parvenir à ce but, il était nécessaire de nous livrer à de nombreuses recherches et de colliger des observations fournies par les localités ; telle est la marche que nous avons suivie : quoique pressé par le temps, nous avons employé trois grands jours à visiter la plupart des établissemens de *Marseille*, un grand nombre de ses fabriques, toutes ses rues, ruelles et culs-de-sac, prenant des notes partout et sur tout ; nous n'avons pas oublié son port (1) ni le canal qu'il alimente ; cela terminé, nous avons mis nos matériaux en ordre et, après les avoir coordonnés, nous avons procédé de la manière suivante :

Il y a quarante ans que Marseille n'était connue en Europe et même en France que sous le rapport purement commercial : partout on parlait de son opulence, mais nulle part on n'osait vanter sa civilisation. Quel pas immense elle a fait depuis cette époque ! elle n'est plus reconnaissable aujourd'hui, tant au physique qu'au moral ; ceux qui l'on vue en 89 et qui peuvent la voir encore, la trouvent, pour ainsi dire, métamorphosée et

(1) Le programme ne fesant pas mention du *nettoie-ment* et de l'*assainissement* du port, nous avons élargi la question et nous nous sommes occupé de l'état sani-taire de ce bassin.

osent à peine en croire leurs yeux. Tout nous
dit qu'elle n'en restera pas là : nos nouvelles
institutions nous font présager pour elle un
avenir riche d'espérance : déjà elle a com-
mencé de les mettre à profit, en fesant les
plus grands efforts pour devenir encore une
fois la nourrice des sciences, ressusciter la
flamme de ses antiques vertus et reprendre
sa dignité première.

Mais à travers ce perfectionnement, dont
la marche a été si rapide, on aperçoit une
tache qui le dépare : cette tache qu'il est
réservé à des hommes éclairés et philan-
tropes de faire disparaître, consiste dans le
défaut d'assainissement et de propreté des
rues ; nous allons essayer de les aider dans
leur généreux dessein, en leur présen-
tant tous les moyens qui nous ont paru
les plus propres pour arriver à leur but.
Nous nous croirions bien récompensé de
notre faible labeur et notre satisfaction serait
grande, s'il s'en trouvait un seul digne de
fixer leur attention.

Nettoiement et Assainissement des rues de Marseille.

Quoique les mots *nettoiement* et *assainis-*

sement présentent entre eux de la synony-
mie, toutefois nous avons cru, en faveur
de la méthode, devoir scinder la question
en deux. Mais le mot *assainissement* ayant
un sens plus étendu, nous nous sommes
permis d'intervertir l'ordre et de le traiter
le premier. Nous avons donc divisé notre
travail en deux chapitres.

CHAPITRE PREMIER.

De l'assainissement des rues de Marseille.

Les moyens d'assainir les rues de Marseille sont nombreux et se présentent en
foule : le premier et l'un des meilleurs
consiste dans la ventilation, chose difficile
à obtenir dans les rues étroites des vieux
quartiers.

Observation. — Il y a dans les vieux quartiers (1) des maisons de très-peu de valeur que
l'administration pourrait acheter et les faire

---

(1) Si Marseille appartenait aux Etats-Unis d'Amérique, les vieux quartiers seraient bientôt détruits pour
les reconstruire et former des rues spacieuses. Espérons
que quelque jour notre administration opérera ce chan-
gement important.

abattre ensuite pour élargir certaines rues ; alors le vent s'y introduisant plus facilement, les rendrait moins insalubres.

2° Augmenter le nombre des places publiques et les complanter d'arbres, lorsque rien ne s'y opposerait.

Observation. — Par ce moyen les rues étroites et voisines de ces places auraient un courant d'air plus considérable ; d'une autre part, les feuilles des arbres laissant échapper une grande quantité d'oxigène et absorbant ensuite une partie de gaz acide carbonique ambiant, l'atmosphère de ces lieux deviendrait plus saine.

3° Niveler les rues autant que possible et les faire réparer exactement.

Observation. — En nivelant les rues et en les tenant constamment réparées, on empêcherait par là que les eaux ne croupissent et ne produisissent de mauvaises odeurs.

4° Il serait extrêmement important de multiplier les fontaines publiques, tant dans les rues des vieux quartiers que dans celles des nouveaux où il ne passe point d'eau, et à défaut de fontaines publiques, des puits artésiens, lorsque les localités le permettraient. Les eaux que ces fontaines ou ces

puits fourniraient, assainiraient ces rues,
en entraînant la boue et les ordures qui y
séjournent et d'où il s'exhale des miasmes
putrides très-nuisibles à la santé.

Observations. — D'après les renseignemens
que nous avons pris auprès du Fontenier de la
ville, le nombre des fontaines pourrait être
augmenté dans quelques quartiers qui en sont
privés.

Il est un de ces quartiers qui, avec des rues
assez larges et ne datant pas de bien loin, n'a
pourtant point de fontaine publique, et est presque entièrement privé d'eau. Ce quartier, qui
devient tous les jours plus considérable par de
nouvelles maisons qu'on élève continuellement
dans son voisinage, formera bientôt une ville à
part : c'est de la Plaine dont nous voulons parler. Il est étonnant que l'on laisse cette partie
importante de notre grande cité manquer d'une
chose si nécessaire aux commodités de la vie
et à la santé des personnes qui l'habitent. Nous
croyons qu'il est de notre devoir, comme citoyen,
d'observer à l'administration qu'il est essentiel
qu'elle tourne ses regards vers cet objet de salubrité publique. Nous concevons qu'il n'est pas
facile d'obtenir une pareille amélioration ; il n'y
aurait que l'établissement projeté du Canal de
Marseille qui pourrait procurer cet avantage ;
mais en attendant que ce canal, que nous ap-

pelons de tous nos vœux, soit formé, n'y au-
rait-il pas un moyen de lui donner de l'eau ?
Nous croyons que cela est possible. La situation
et la nature de ce quartier ne permettant pas
d'y pratiquer des perforations artésiennes, il
faudrait trouver une source toute formée et ca-
pable de lui fournir de l'eau. Hé bien ! il en est
une belle et copieuse, distante d'environ trois
quarts de lieue : c'est celle de la Rose. Il ne serait pas mal-aisé de la faire parvenir jusqu'à la
Plaine au moyen d'un aqueduc ; non-seulement
ce quartier en jouirait, mais encore celui de
la Croix-de-Reynier ; ajoutez à cela qu'elle
pourrait parcourir les rues adjacentes, telles
que celles des *Petits-Pères*, de *Sénac*, de *Curiol*,
ainsi que les places et boulevarts qui se trouvent
aux environs et qui sont constamment arides.
On ne manquera pas de nous objecter que les
dépenses pour mettre ce moyen à exécution seraient considérables : nous en convenons ; mais
aussi elles seraient certainement bien appliquées,
puisqu'elles seraient faites pour un objet d'une
utilité publique reconnue. En effet, personne
ne saurait nier que ce ne fût un avantage inap-
préciable pour cette partie de la cité.

Que l'on compare ces dépenses avec celles
qui ont été faites pour entasser pierre sur pierre
à la porte d'*Aix*, ainsi que celles employées
pour construire un hôpital à *Ratoneau*, hôpital
qui n'a jamais reçu et ne recevra, peut-être, ja-

mais de malades ; cependant des millions ont
été prodigués pour ces deux objets tout-à-fait
inutiles.

Au reste , nous ne doutons pas que tous les
propriétaires des maisons de la *Plaine* et de la
Croix-de-Reynier ne s'empressassent de contribuer volontairement à cette dépense , par la raison que leurs immeubles , avec une pareille amélioration , ne pourraient qu'augmenter de valeur.
Si l'administration actuelle pouvait seulement
préparer les voies tendantes à doter ce quartier
d'une pareille amélioration , elle occuperait un
rang distingué dans les Annales Marseillaises.

5º Obliger les habitans des différens quartiers de la ville qui n'ont point de lieux
d'aisance , à descendre ou à faire descendre
et vider les vases de nuit dans les rues ainsi
que les eaux sales et corrompues.

Observation. — Il serait à désirer que l'ordonnance rendue, il y a environ 25 ans, par
M. *de Permon* , commissaire général de police,
fût rigoureusement exécutée dans toute la ville ;
on empêcherait par là que les molécules de ces
ordures étant moins divisées , ne répandissent
dans l'atmosphère autant de gaz ammoniacal
et que l'air des rues ne devînt aussi insalubre.
Au chapitre concernant le nettoiement des rues ,
nous indiquerons de quelle manière ces ordures
doivent être enlevées.

6° Astreindre les particuliers à balayer, tous les jours, le devant de leurs portes, et à réunir les immondices provenant des balayures dans un seul endroit ; ce qui devrait avoir lieu, en hiver, le matin, à huit heures, et l'été, à sept.

7° Obliger tous les habitans à arroser, pendant tous le temps des chaleurs, le devant de leurs maisons, matin et soir.

Observation. — Ces arrosemens devraient être faits avec de l'eau ne contenant pas de matières putrides ; car autrement ils rendraient les rues insalubres en viciant l'air : l'administration doit donc défendre à tous les particuliers qui n'ont point d'eau courante dans leurs rues, d'arroser avec celle qui est croupissante et bourbeuse, et, dans ce dernier cas, les inviter à employer celle de puits.

8° Faire disparaître les tas de fumier que l'on voit près de quelques habitations, et empêcher les balayeurs d'en laisser séjourner dans les rues.

Observations. — Il serait important, ainsi que nous l'avons dit dans notre brochure ayant pour titre : *Aperçu rapide sur les principales Fièvres qui règnent à Marseille dans les différentes saisons*, etc. ; il serait important, disons-nous,

que l'on fît disparaître promptement ces entre-
pôts de fumier du *boulevart des Dames*, lesquels
étant près de la maison d'arrêt et des casernes
de la *Gendarmerie* et des *Présentines*, ne peuvent que nuire à ces établissemens ; car il est
à remarquer que lorque le vent du nord-ouest
souffle, vent qui est regardé, à Marseille, comme
le plus sain, il est à remarquer , disons-nous,
que ce vent devient un poison pour tous ceux
qui habitent ces différens lieux , en répandant
dans l'atmosphère des torrens de miasmes putrides qui surgissent de ces cloaques affreux.
On nous objectera , peut-être , que l'on ne saurait empêcher les propriétaires de ce local d'af-
fermer à des balayeurs de rues et à d'autres
fabricans de fumier , par la raison qu'il y a
plus de trente ans que cet enclos est destiné
à un pareil usage , et que par conséquent il y
a prescription. A cela , nous répondons que lorsque la santé publique est compromise , toute
prescription devient nulle , et que , dans ce cas ,
on doit imposer silence à la loi : *salus populi
suprema lex*. Nous ne prétendons pas cependant
que les intérêts des propriétaires de ce local soient
lésés : si cela était , il faudrait les dédommager.

Au reste , nous aimons à croire que l'administration vaincra sans peine les difficultés qui
se présentent à ce sujet , et, en supposant qu'elle
ne puisse les surmonter , elle doit se hâter de
changer le nom de ce boulevart qui, en rap-

pelant l'héroïque valeur du sexe, retrace en
même temps à l'esprit quelque chose d'agréa-
ble et de propre, et le remplacer par celui de
boulevart de *la Peste*, seule dénomination qui
puisse lui convenir actuellement.

Ce que nous venons de dire à l'égard des dépôts de fumier du boulevart des Dames, doit
s'entendre aussi de ceux que les balayeurs for-
ment aux coins des différentes rues ; on ne doit
pas tolérer un pareil abus, ce fumier viciant les
endroits où il se trouve; il faut donc que l'Administration ordonne à tous les balayeurs d'enlever entièrement le fumier au fur et à mesure
qu'ils le ramassent.

9° Obliger tous les particuliers qui ont
des lieux d'aisance *stagnans et sans écoulement*, de les faire vider, surtout en été, et
toujours pendant la nuit; et, après chaque
opération, exiger d'eux qu'ils fassent ré-
pandre du chlorure de chaux tant dans les
latrines que devant la porte où les matières
fécales sont chargées.

Observation. — Toutes les fois que l'on vide
ces lieux d'aisance, il se répand, dans tout le
quartier où ils se trouvent, une odeur ammo-
niacale si forte et si pénétrante que la respiration
en est sensiblement affectée, même dans les ap-
partemens élevés et dont les fenêtres sont bien

fermées; il est arrivé souvent que des personnes, douées d'une sensibilité exquise, en ont été tellement incommodées qu'elles se sont évanouies. Il faudrait donc, s'il était possible, qu'il n'y eût plus de lieux d'aisance *stagnans et sans issue*, et exiger que tous eussent leur écoulement dans les conduits souterrains de la ville, ainsi que nous le dirons plus bas. Nous sentons qu'il sera difficile d'opérer, tout de suite, cette réforme salutaire, et que l'on trouvera beaucoup d'obstacles; mais que ne peut pas une Administration sage et ferme? En attendant que ce perfectionnement dans l'hygiène publique puisse avoir lieu, il est d'une nécessité absolue, pour l'assainissement des rues et la santé des personnes qui les habitent, de ne plus permettre de charger les ordures des latrines sur des charrettes, et d'ordonner que désormais on soit obligé de se servir de tombereaux couverts, ainsi que le prescrit une ordonnance de 1539, renouvelée par un arrêt de réglement du parlement de Paris, de 1665. Un autre inconvénient qui n'est pas moins nuisible que ceux que nous venons de signaler, c'est qu'il arrive quelquefois, et nous en sommes convaincu nous-même, que ces lieux d'aisance filtrent dans la terre et vont gâter les puits des voisins.

10° Ne plus permettre à l'avenir d'établir des lieux d'aisance publics ou particuliers , s'ils doivent être stagnans et sans écoulement dans les conduits souterrains de la ville.

11° Exiger des personnes qui ont actuellement des lieux d'aisance établis avec issue et écoulement dans la rue , d'y faire passer la surverse de l'eau de la ville , lorsqu'elles en ont la jouissance , ou l'eau qui provient de leurs puits et éviers.

Observation. — Il est vraiment désagréable et dégoûtant de voir, en passant dans certaines rues , amoncélés les excrémens des maisons qui ont de pareils lieux d'aisance ; outre que ces matières ainsi arrêtées choquent la vue, elles laissent échapper une odeur qui vicie l'air ambiant.

12° Faire pratiquer dans tous les établissemens publics , tels que les hôpitaux , les prisons, les casernes, les théâtres , etc., des latrines à bascule avec issue et écoulement dans les conduits souterrains de la ville.

Observations. — Les latrines de tous ces établissemens sont stagnantes et sans écoulement ; aussi , lorsqu'on enlève les matières qu'elles contiennent, il s'exhale une odeur infecte , tant dans l'intérieur desdits établissemens , que dans les rues où se trouve l'ouverture qui sert à les extraire. Il n'y a que la maison d'arrêt qui ait

des latrines à soupape , lesquelles ont encore
un grand inconvénient , qui est celui d'être vi-
dées dans la rue; de manière qu'il arrive que leurs
vidanges , jointes à l'écoulement qui vient du
lavage des latrines de la caserne des Présentines ,
parfument horriblement la rue qui porte le nom
de cette caserne , une partie des rues Sainte-
Barbe , de la Halle-Puget , des Pucelles , etc. ,
au point que les habitans de ce quartier ont
souvent porté plainte au Commissaire de police
de leur arrondissement. Cela n'arriverait pas si
on pratiquait des conduits souterrains, au moyen
desquels ces ordures seraient entraînées jusqu'à la
mer , ainsi que les eaux sales (1) ; on pourrait en
faire autant à l'égard des latrines de l'Hôtel-Dieu,
de l'hospice de la Charité , de la caserne de la
Corderie , de celles des forts St-Nicolas et
St-Jean , et des deux théâtres. Relativement au
grand théâtre , il serait de la plus grande importance qu'il y eût des lieux d'aisance avec
écoulement; ceux qui existent actuellement, étant
stagnans et *sans issue* , causent une odeur insupportable dans toutes les loges, surtout en été
et lorsqu'il y a beaucoup de monde ; aussi en-
tend-on dire souvent qu'il y a eu des personnes

(1) Il est par trop dégoûtant de voir par fois des parcel-
les de chair humaine, résultant de l'amphithéâtre ou
de la salle des blessés, être entraînées dans la rue avec
les eaux qui sortent de l'égout de l'hôpital du St.-Esprit.

asphixiées. D'une autre part , les rues adjacentes
à ce théâtre, telles que celles *Molière* et *Cor-
neille*, dans lesquelles on jette tous les matins
les ordures de la veille , rendent ces rues extrêmement malsaines.

Mais on dit qu'alors les ressources de quelques-
uns de ces établissemens diminueraient: cette ob-
jection est puérile , car nous nous sommes assuré
que le produit du fumier de l'Hôtel-Dieu et de
l'hospice de la Charité ne s'élève qu'à 300 fr. par
an : qu'est-ce que c'est en comparaison du bien qui
en résulterait ? Cette mesure contribuerait à assainir ces établissemens , ainsi que les rues et les
maisons qui les avoisinent. On ajoute encore que
l'agriculture s'oppose à cette mesure , qui ten-
drait à rendre nos champs moins fertiles , et
que tout le bien qui en résulterait consisterait
à engraisser les poissons du golfe , ce qui im-
porte peu à notre bien-être. Il n'y a que les
vendeurs et les fabricans de fumier qui soient
intéressés à tenir un pareil langage ; car nous
prouverons que la quantité de fumier , au lieu
de diminuer , augmentera , lorsque les rues seront bien balayées et le port bien nettoyé. Les
matières que l'on retire de celui-ci peuvent être
mises à profit , ainsi que nous le ferons voir
au chapitre *Nettoiement*.

13° Ne plus permettre l'établissement
d'aucune fabrique de chandelles dans l'en-

ceinte de la ville , soit qu'elle fonde le suif
brut , soit qu'elle le fonde en branches.
L'odeur qui résulte de ces deux genres de
fabrication est notoirement incommode et
vicie l'air des rues.

Observations. — Il y a deux procédés pour
fabriquer les chandelles : le premier consiste à
fondre du suif brut , et le second à le fondre en
branches à feu nu ; l'un et l'autre produisent
une odeur très-incommode et insalubre : aussi
a-t-on mis ces deux sortes de fabrications dans
la première classe , c'est-à-dire, qu'elles ne peuvent point être formées près des lieux habités.
Cependant il s'en trouve un grand nombre dans
les rues de Marseille et qu'on est forcé de tolérer , parce que ayant été établies avant le
Décret du 15 octobre 1810 , elles ont acquis
le droit d'exister, et par conséquent d'infecter
une partie de notre belle cité. Ne pouvant ré-
former cette loi par trop antisociale , il faudrait du moins chercher à diminuer le mal
qu'elle permet , en indiquant aux fabricans
d'autres procédés qui , n'étant pas plus dispen-
dieux que ceux qu'ils emploient , ne vicierait
pas l'air des rues. Ces procédés consistent à
fondre le suif au bain-marie ou à la vapeur.
L'Administration pourrait inviter les fabricans
qui exploitent cette branche d'industrie à employer l'un de ces modes de fondre le suif ,
lesquels sont généralement adoptés à Paris.

14° Ne pas permettre qu'on laisse séjourner autour de l'abattoir et de la tri-
perie publics , le sang , le fumier et autres
résidus des animaux égorgés.

Observation. — Nous avons visité ces deux
établissemens qui se trouvent dans le même local,
et nous avons été frappé de les voir entourés, en
partie, des différentes substances animales et végé-
tales qui , étant en putréfaction , répandent aux
environs une odeur infecte et très-insalubre. Les
miasmes qui s'élèvent de ces tas d'ordures en
été , lorsque le vent du nord souffle , sont
transportés sur une partie des vieux quartiers
et ne font qu'ajouter au défaut d'assainissement
auquel elle est sujette. D'une autre part , lorsque les vents d'est ou de sud-est règnent , ils
charrient avec eux et laissent échapper, en passant sur le Lazaret , des particules malfaisantes
qui , quelque jour , si on n'y prend garde ,
pourraient bien faire sentir leur nuisible influence
sur ce boulevart de la santé publique mari-
time. Il est donc essentiel que l'Administration
veille soigneusement à ce que ces ordures soient
journellement enlevées , surtout en été.

15° Empêcher que les fabricans tanneurs
ne tiennent dans les rues et devant les
portes de leurs fabriques les résidus de
leurs opérations , desquels il s'échappe une

odeur peu propre à la respiration, et qui rendent malsaines les rues où ils se trouvent.

Observation. — C'est bien assez pour les voisins de ces fabriques que leur odorat soit frappé très-désagréablement par des exhalaisons putrides qui proviennent de l'intérieur de ces établissemens, lesquelles sont occasionées par la *carnasse* dont on se sert pour la fabrication, sans qu'ils aient encore à supporter celles qui surgissent des tas de résidus qui en proviennent et qui encombrent les rues.

16º Défendre d'avoir à demeure et de nourrir, dans l'enceinte de la ville, des troupeaux de vaches, de chèvres et de moutons, ainsi que le prescrit le Décret du 14 octobre 1813, dans les villes au-dessus de 5 mille habitans.

Observation. — Ces différens animaux, par le volume de leurs poumons, consomment une grande quantité d'air vital, et renvoient dans l'atmosphère beaucoup de gaz acide carbonique; ils rendent par-là insalubres et malsaines les maisons et les rues dans lesquelles ils se trouvent placés. Ce qui vicie encore davantage l'air ambiant de ces lieux, c'est la grande quantité de matières fécales solides et liquides que produisent ces différens animaux.

17° Enjoindre aux propriétaires ou locataires des écuries publiques ou particulières qui se trouvent placées dans l'enceinte de la ville, de faire enlever souvent le fumier qui s'y trouve, et ne pas leur permettre de le laisser séjourner devant les portes desdites écuries.

Observation. — Nous croyons que l'administration ferait bien d'inviter ces propriétaires ou ces locataires à faire, de temps en temps, dans ces lieux, des aspersions de chlorure de chaux ; par ce moyen ils assainiraient leurs écuries et les rues dans lesquelles elles sont situées.

18° Faire surveiller les ateliers de salaison de poisson, et empêcher que les saleurs ne laissent dans les rues les débris des différentes espèces de poissons qu'ils salent ; ces substances, se corrompant facilement, vicient l'air et rendent malsaines les rues dans lesquelles se trouvent placés ces ateliers.

Observation. — Comment se fait-il que l'on permette la salaison du poisson déjà gâté ? Il nous semble que l'Administration devrait s'opposer fortement à ce que cela eût jamais lieu ; elle contribuerait par là à l'assainissement de

quelques rues et à ce qu'on ne livrât à la con-
sommation un aliment que le sel ne rend pas
malfaisant, si l'on veut, mais qui néanmoins
est privée par là d'une partie de ses principes
nutritifs.

19° S'opposer à ce que les propriétaires
ou locataires de lavoirs de laine, de linge,
les fabricans de colle forte, de cordes à instrumens, les affineurs de l'or et de l'argent,
les teinturiers, les chapeliers, ainsi que
tous ceux qui ont des ateliers ou fabriques
de quelque genre que ce soit, laissent
échapper et couler dans la rue les eaux
provenant de leurs opérations respectives.

Observations. — Les eaux qui proviennent de
ces différentes fabriques et ateliers, surtout celles
des lavoirs de laine et de linge, lorsqu'on les
vide le soir, et les eaux mères de l'affinage de
l'or et de l'argent, des cordes à instrumens, etc.,
ces eaux, disons-nous, en coulant dans les rues,
donnent une odeur insupportable qui incommode sensiblement toutes les personnes qui les habitent et les passans qui les traversent. Ajoutez
à cela qu'elles laissent sur les bords des ruisseaux
une boue de laquelle s'exhale continuellement
du gaz acide carbonique en grande quantité, et
principalement en été. D'après ces inconvéniens
graves, il faudrait que l'Administration obligeât

les personnes qui exploitent ou font exploiter ces divers ateliers et fabriques à pratiquer des conduits souterrains qui viendraient aboutir à ceux de la ville et dans lesquels les eaux qui auraient servi aux opérations usitées dans ces établissemens viendraient se rendre.

20° Faire nettoyer souvent les différentes halles, principalement celles où l'on vend de la viande et du poisson.

Observation. — Outre que la police doit veiller à ce qu'on ne débite de la viande et du poisson gâtés, il est essentiel qu'elle fasse laver souvent ces halles, surtout en été, lorsque le vent de sud ou sud-est règne, et qu'on y jette du chlorure de chaux.

21° Défendre expressément à tous les bouchers d'égorger dans la rue des veaux et des agneaux, comme on le voit tous les jours.

Observations. — Une pareille tolérance ne peut que contribuer à rendre certaines rues malsaines, à cause du sang et du fumier qu'elles reçoivent de ces tueries particulières. Ces ordures en y séjournant en corrompent l'air. D'un autre côté, en égorgeant ainsi des animaux en public et aux yeux de tous les passans, les personnes douées d'une sensibilité exquise, té-

moins de ce spectacle, sont dans le cas d'en
recevoir une influence fâcheuse pour leur éco-
nomie, et ensuite celles qui sont naturellement
insensibles, avec un caractère dur, s'accoutumant
ainsi à voir couler le sang, s'enhardissent quelquefois au crime.

22° Faire fermer par une porte grillée
en bois toutes les rues qui n'ont qu'une
issue et où on va continuellement faire des
ordures, et faire laver souvent les coins de
celles où beaucoup de passans s'arrêtent
pour satisfaire un besoin pressant.

Observation. — Il y a dans Marseille un certain nombre de rues et culs-de-sac dont les
coins sont recherchés pour y rendre les matières
fecales, solides ou liquides ; en fermant ces
rues comme nous l'avons indiqué, on empêcherait qu'elles ne répandissent une odeur infecte
et malsaine, et de plus par ce moyen les
yeux chastes du sexe ne seraient pas continuellement blessés, en voyant tantôt des cavalières à
bas et tantôt des culs en l'air. On pourrait obvier
à tout cela en établissant des lieux d'aisance
publics et gratuits, avec issue et écoulement,
dans les endroits de la ville les plus fréquentés,
ainsi que cela a lieu aux États-Unis d'Amérique,
pays classique de la véritable liberté et modèle
parfait de la décence: à Philadelphie, à Boston,

à Baltimore et dans d'autres villes de ces états, on ne voit jamais personne s'arrêter aux coins des rues pour épancher de l'eau et encore moins pour rendre une selle : les enfans lapideraient quiconque serait trouvé dans cette situation.

23° Faire couvrir l'égout qui, partant de la porte d'Aix, se partage en deux branches, vis-à-vis la porte de la caserne des Présentines ; une de ses branches parcourt toute la rue ditte Chemin de la Joliette, reçoit dans son cours les eaux sales de toutes les fabriques qui se trouvent des deux côtés de cette rue ; l'autre branche passe sous le boulevart des Dames et vient sortir vis-à-vis la rue Ste.-Claire, d'où elle reçoit également les eaux de diverses fabriques placées de chaque côté de cette rue ; là, cette dernière branche devient plus large, et forme ensuite près de la porte de la Joliette une espèce de marais : de l'une et de l'autre branche, surtout de la partie de celle qui aboutit à la porte de la Joliette, s'exhalent, principalement en été, des miasmes qui infectent les différentes maisons qui se trouvent situées tout le long du trajet qu'elles parcourent.

Observation. — On a de la peine à concevoir

que ce cloaque n'ait jamais attiré l'attention de
l'Administration municipale ni celle de l'inten-
dance sanitaire ; car outre que les miasmes qui
s'élèvent tout le long de cet égout , et particu-
lièrement de cette espèce de marais qu'il forme
à l'une de ses extrémités , rendent malsaines
les rues à côté desquelles il se trouve , il y
a encore une partie des vieux quartiers qui
est dans le cas d'en ressentir les effets nui-
sibles , lorsque le vent du nord souffle, et le
lazaret, également, lorsque le vent d'est domine.

24° Faire pratiquer dans toutes les rues
qui n'en ont pas et qui sont susceptibles
d'en avoir, des conduits souterrains allant
aboutir au port ou à la mer, avec des grilles
sur égout placées de distance en distance; ces
conduits serviraient à recevoir les matières
des latrines à écoulement ainsi que toutes
les eaux sales et infectes qui pourraient
provenir des différentes fabriques, ateliers
et lavoirs; par ce moyen les rues devien-
draient plus saines.

Observation. — Il y a beaucoup de rues où
on pourrait établir de pareils conduits; telles
sont : celles de Rome, des trois Calades, de Fon-
gate, d'Aubagne, des Petits-Pères, de Curiol,
de Sénac, les Allées des Capucines, et beaucoup
d'autres, tant des vieux que des nouveaux quar-

tiers. Il résulterait de là trois avantages remarquables, 1° les differentes latrines publiques et particulières à écoulement pourraient avoir une issue dans ces conduits ; 2° l'eau de la pluie s'échapperait en partie par les grilles sur égout, et on ne verrait plus certaines rues devenir des torrens, ni les magasins où elles se trouvent être inondés (1) toutes les fois qu'il fait de grosses averses ; 3° une grande quantité d'une boue épaisse et noire, n'empêcherait plus les piétons de passer, et on ne sentirait pas une odeur infecte qui en provient.

25° Prolonger le conduit souterrain de la rue Paradis, lequel ne va que jusqu'à la rue Sylvabelle, celui de la rue des Allées de Meilhan, lequel commence seulement vis-à-vis la rue du Théâtre Français et autres.

Observation. — Du prolongement de ces conduits souterrains il en résulterait les mêmes avantages que ceux que nous venons de signaler, pourvu toutefois que l'on augmentât le nombre des grilles sur égout dans la partie des rues où

---

(1) Il est bien étonnant que ces inondations étant au su de toute la population, on n'ait jamais pensé à remédier aux dégâts qu'elles causent, en pratiquant de pareils conduits.

les conduits souterrains sont déjà établis, et si
ceux existant étaient trop étroits pour recevoir
les eaux desdites grilles, il faudrait les élargir
ou en pratiquer un de chaque côté dans les
rues spacieuses.

26° L'Administration doit enjoindre à
tous les fabricans de savon de faire nettoyer
souvent les égouts de leurs fabriques, soit
qu'ils viennent aboutir au port ou ailleurs ;
car il s'élève de ces égouts une odeur infecte qui vicie l'air des rues adjacentes et
de tous les endroits où ils ont une issue.

Observation. Nous nous sommes abstenu de
parler des fabriques de soude factice, d'acide
sulfurique et des raffineries de soufre. Ces établissemens étant de première classe, et par conséquent ne pouvant être placés près des lieux
habités, cela nous a paru être hors de notre domaine : nous devons toutefois faire remarquer,
en passant, que l'on a trop exagéré leur nocuité,
tant par rapport aux animaux que par rapport
aux végétaux : ces vapeurs peuvent bien affecter
les personnes douées d'une grande sensibilité
nerveuse; mais, d'un autre côté, nous croyons
qu'elles assainissent les lieux dans lesquels elles
se répandent, au point que si jamais une épidémie de mauvais caractère venait à se manifester
dans nos contrées, les individus qui se trouveraient placés aux environs de ces établissemens

seraient moins susceptibles de contracter la maladie, par la raison qu'elles neutraliseraient les miasmes qui seraient la cause de cette épidémie.

27° Faire nettoyer souvent ces conduits souterrains, principalement en été.

Observation. — Il paraît que ce service est mal fait; l'odeur qui s'exhale, surtout en été, des grilles sur égout, décèle la négligence et l'incurie des entrepreneurs.

28° Augmenter le nombre des pontons destinés au curage du port et du canal qu'il alimente ainsi que le nombre des ouvriers employés à ce genre de travail.

Observations. — S'il y a une chose digne de fixer l'attention et d'exciter, en même temps, la vigilance de l'Administration, c'est sans contredit le curage du port et du canal. Il paraît que jusqu'à présent on ne s'est pas écarté, à ce sujet, de la routine suivie depuis des siècles : on s'est toujours borné à mettre en usage pour cela un petit nombre de pontons (il n'y en a que trois), et généralement on s'est contenté de les faire aller en hiver seulement. Nous croyons que si l'on veut nettoyer l'un et l'autre comme il faut, on doit en augmenter le nombre et les faire aller dans toutes les saisons de l'année. Il faut encore doubler le nombre des ouvriers (il y en a seulement quinze, et il arrive rarement qu'ils soient tous employés). Le port de Marseille peut être comparé à un vaste et long cul-de-sac allant presque aboutir au centre de la ville, et ayant à l'un de ses côtés deux traverses formées par un canal entouré d'un grand nombre de maisons : ce cul-de-sac et ces deux traverses aquatiques reçoivent les ordures et les eaux sales des différens égouts de la ville, des fabriques de savon et autres. De ces divers écoulemens il résulte une vase épaisse et abondante de laquelle il surgit une quantité considérable de gaz acide carbonique, surtout aux endroits où aboutissent ces égouts ; ce qui, un jour, pourrait devenir le germe de quelque maladie épidémique. Ce gaz, quoique mêlé avec l'air atmosphérique, est très-impropre à la respiration ; il devient extrêmement nuisible à la santé des personnes qui demeurent aux environs de l'un et de l'autre : aussi remarque-t-on que celles qui vivent, depuis quelque temps, dans une pareille atmosphère ont le teint pâle et décoloré. Un autre endroit du port d'où il s'exhale encore une plus grande quantité de ce gaz délétère, c'est cette partie qui se trouve du côté de Rive-Neuve où est déposé le bois de construction et qui n'a pas été nettoyé depuis plus de soixante ans. Voulant compléter nos investigations sur ce sujet et les rendre consciencieuses, nous avons été nous-même sur les lieux, accompagné d'un ami, le matin à 5 heures et le

3

soir à 9 , afin de pouvoir constater jusqu'à quel point notre odorat serait affecté : nous avons parcouru la partie du quai de Rive-Neuve qui est vis-à-vis ce magasin aquatique, ainsi que les rues Neuve Sainte-Catherine, du Petit-Chantier, etc.; pendant tout le temps qu'a duré notre excursion, nous avons éprouvé un malaise et une grande gêne dans la respiration; occasionés par la grande quantité de miasmes répandus dans l'atmosphère où nous nous trouvions.

Relativement au nombre des ouvriers qui devraient continuellement travailler au curage du port et du canal, il y aurait un moyen bien simple de l'augmenter sans que les dépenses fussent considérables, bien plus, sans même qu'il en coûtât un sou : ce moyen consisterait à obtenir du Gouvernement une galère stationnée dans le port et composée de cinquante forçats, les moins criminels, qui seraient tous spécialement chargés du curage. Nous ne doutons pas un seul instant qu'il ne consentît à une pareille demande faite par l'Administration; d'autant que, par là, il économiserait trente mille francs par an: peu doit lui importer que ces malheureux mangent des fèves à *Toulon* ou à Marseille.

D'un autre côté, on pourrait utiliser une partie des matières extraites du port et du canal : par exemple, celles qui se trouvent à l'embouchure des égouts, étant entourées d'eau douce, serviraient d'engrais, et au lieu de les jeter à la mer, on les transporterait sur la plage du golfe, au moyen des bateaux connus sous le nom de *marie-salope*, mais construits de manière qu'elles pussent être débarquées facilement. On établirait deux dépôts de ces matières, savoir : un du côté de *Séon*, et l'autre du côté de *Montredon*. Les propriétaires et les paysans de ces deux quartiers pourraient ainsi se procurer de l'excellent fumier sans être obligés de venir en prendre à la ville. Les autres matières provenant du milieu du port, contenant beaucoup de parties salines et n'étant pas, par conséquent, propres à servir d'engrais, seraient jetées à la mer comme on l'a fait jusqu'à présent : ainsi ces matières et celles recueillies dans les rues, au moyen des tombereaux et des cornues fermés, remplaceraient bien au-delà le fumier qui résulte des latrines stagnantes de quelques établissemens publics.

Tels sont les moyens que nous croyons les plus propres pour assainir les rues de Marseille. Dans le nombre de ces moyens, il peut bien s'en trouver quelques-uns qui ne sont pas d'une très-grande importance, mais nous avons cru devoir les signaler tous indistinctement, par la raison qu'en fait de salubrité publique rien ne doit être omis. Actuellement nous allons nous occuper du nettoiement des rues.

CHAPITRE DEUXIÈME.

Du Nettoiement des Rues de Marseille.

Une des règles de l'hygiène publique que
l'on doit le plus rigoureusement observer
dans les villes très-populeuses, c'est la propreté des rues : on peut dire que, jusqu'à
présent, Marseille ne s'est point distinguée
sous ce rapport, et que la réputation de ses
anciens *passa-rés* n'est pas encore tout-à-
fait détruite, dans quelques-uns de nos dé-
partemens et surtout chez beaucoup d'é-
trangers ; cependant depuis que cette sale
coutume a à peu près disparu, et qu'on
n'est plus aussi souvent exposé comme auparavant à être parfumé par le contenu du
pot au noir, notre ville s'est un peu réha-
bilitée dans l'esprit de tous ceux qui viennent la visiter. Toutefois, il lui manque encore une chose qui doit ajouter à la beauté
et à la douceur de son climat ; cette chose,
c'est la propreté de ses rues. Espérons que,
bientôt, par les moyens que l'Administration municipale mettra en usage, l'odorat
de ceux qui, désormais, fréquenteront ses

divers quartiers, ne sera plus aussi désagréablement affecté.

Il est plusieurs moyens de nettoyer et de rendre les rues propres : il faut d'abord distinguer les rues dans lesquelles on peut employer tel moyen de propreté et celles dans lesquelles il est impossible de le mettre en usage. Il y a des rues où il passe de l'eau courante (c'est le plus grand nombre), et il y en a d'autres qui en sont tout-à-fait privées ; voici de quelle manière on devrait, selon nous, procéder au nettoiement des rues où il passe de l'eau courante : il faudrait, premièrement, ainsi que nous l'avons dit au chapitre *Assainissement*, obliger tous les particuliers qui n'ont point de lieux d'aisance dans leurs maisons, à descendre ou à faire descendre à la rue leurs vases de nuit ainsi que les eaux sales ou corrompues, et que tout cela fût vidé dans le ruisseau.

2° On devrait exiger que tous les propriétaires ou locataires des maisons balayassent ou fissent balayer, tous les jours, le devant de leurs portes, et que les balayures fussent réunies sur un seul point. Ce balayage devrait avoir lieu, en hiver, à huit heures, et, en été, à sept heures du matin.

3° Faire enlever toutes les balayures et immondices qui se trouveraient devant les portes des maisons, aux heures indiquées ci-dessus, dans des tombereaux ordinaires.

4° Au fur et à mesure que les tombereaux passeraient ainsi dans les rues, il faudrait qu'il y eût une personne chargée spéciale-ment de balayer et de bien nettoyer les ruis-seaux où passe l'eau courante et dans les-quels on viderait les vases de nuit et autres ordures.

Observation. — Si on laissait aux propriétaires ou aux locataires le soin de balayer et de net-toyer les ruisseaux, cela serait toujours mal exé-cuté; il faudrait donc qu'il y eût des balayeurs chargés de cela.

5° Outre les tombereaux qui devraient ainsi passer tous les matins dans les rues, il con-viendrait qu'il y en eût d'autres qui parcou-russent les rues les plus passagères dans les autres parties de la journée, pour ramasser le fumier et immondices accidentels, comme cela se pratique dans quelque pays. A *Phila-delphie,* par exemple, on ne peut laisser tomber une feuille de choux dans la rue sans qu'elle ne soit tout de suite ramassée par un balayeur salarié.

6° Dans les rues où il n'y a pas d'eau courante, non-seulement on exigerait que les propriétaires ou locataires des maisons balayassent le devant de leurs portes et réunissent les balayures à un seul endroit, mais encore qu'ils descendissent ou fissent descendre leurs vases de nuit et autres eaux sales ou corrompues, pour être vidés dans des tombereaux couverts et à bascule qui seraient fait exprès pour ces rues.

Observation. — Il faudrait que ces tombereaux parcourussent les rues matin et soir, s'il était possible, à une heure fixe, et qu'à chaque tombereau il y eût une sonnette pour avertir les habitans de son passage.

7° Dans les rues où il passe de l'eau courante, mais qui sont trop étroites pour que les tombereaux puissent y pénétrer, alors des balayeurs avec des cabas pourraient les parcourir pour ramasser les balayures et nettoyer les ruisseaux.

8° Dans les rues où il n'y passe pas d'eau courante et qui sont ou trop étroites ou trop rapides (elles sont peu nombreuses) pour que les tombereaux couverts puissent y passer, on les remplacerait par des mulets

ou des ânes sur lesquels on mettrait des
cornues fermées à bascule, dans lesquelles
on viderait les vases de nuit et les eaux
sales. Il conviendrait que cela se fît soir
et matin et de la même manière qu'avec
les tombereaux.

Observations. — En fesant ainsi recueillir les
ordures qui proviennent des maisons et ramasser les immondices qui se trouvent dans les rues,
on pourrait y faire régner la propreté, et les
personnes qui y demeurent ainsi que les passans
qui sont obligés de les parcourir n'auraient pas
leur odorat aussi désagréablement affecté. Nous
avons voulu nous assurer et connaître par nous-
même quel est l'état de l'atmosphère de ces
rues aux époques du jour où ordinairement on
vide les vases de nuit ; en conséquence, nous
avons parcouru une fois, le soir à neuf heures,
et une fois le matin à huit, trois rues des
vieux quartiers, savoir : la Grand'rue, la
rue des Grands-Carmes et la rue de St.-Joseph.
Quoique nous n'ayons pas le nez très-curieux,
toutefois nous avons dû retourner sur nos pas,
crainte d'être asphixié ou de recevoir quelques aspersions peu suaves, surtout le soir.
Nous avons fait une pareille excursion au quartier de la Plaine et nous nous sommes convaincu que, bien qu'il y ait des lieux d'aisance dans
la plupart des maisons des rues qui le com-
posent, néanmoins nous avons trouvé dans quel-

ques-unes beaucoup d'ordures : aussi l'air qui, à cause de l'exposition de cette partie de la ville, devrait être très-pur, s'y trouve vicié par la présence des matières fécales qui y séjournent et qui incommodent doublement les passans.

9° Former de vastes réservoirs pour alimenter les fontaines de la ville et entraîner les ordures des différens ruisseaux, lorsque l'eau de l'Huveaune est détournée pour l'arrosage des jardins et des prairies, tant de la commune de Marseille que des autres communes voisines, ou lorsqu'il y a des réparations à faire à l'aqueduc par lequel elle arrive jusqu'à nous.

Observation. — En été, trois fois par semaine, les fontaines alimentées par l'eau de l'Huveaune ne coulent pas et beaucoup de ruisseaux des rues sont entièrement à sec. Alors on voit souvent dans ceux-ci des matières fécales et une vase noire qui choquent la vue et desquelles s'élève une odeur horrible. Au moyen de ces réservoirs, on pourrait fournir de l'eau aux principales fontaines et nettoyer les rues dans lesquelles il y aurait de pareilles ordures. On pourrait en former un tout près du Chapitre, et l'autre à la Tourette (1) ; on s'en servirait les

(1) Au lieu d'un réservoir, on pourrait établir dans le golfe tous près de cet endroit une pompe à feu. Au moyen de cette pompe, que l'on ferait aller soir et matin, la plupart des rues des vieux quartiers seraient bien nettoyées.

jours où l'Huveaune ne donnerait pas , et le lendemain , dans la nuit , on les remplirait encore.

10° Désigner , hors de la ville et loin des habitations , trois endroits destinés à former des dépôts pour y mettre le fumier résultant du nettoiement des rues.

Observation. — Afin que les propriétaires-agriculteurs et les paysans des divers quartiers pussent se procurer facilement le fumier dont ils auraient besoin , on devrait établir un de ces dépôts du côté de la place *Castellane* , un autre du côté de la *Madelaine* , et le troisième du côté du faubourg *Saint-Lazare.*

11° Nommer un Inspecteur de Nettoiement des rues pour en surveiller la stricte exécution.

Après avoir signalé tous les moyens que nous avons cru les plus convenables pour le nettoiement des rues, il nous reste encore une tâche à remplir , qui est celle de présenter un mode sûr d'opérer ce nettoiement.

Aux différentes époques de la Révolution , on s'est souvent occupé de la propreté des rues de Marseille ; les mesures qui ont été prises pour atteindre ce but ont

varié selon la manière de voir de ceux qui se
trouvaient à la tête de l'Administration municipale ; tantôt il était permis à tout le
monde de ramasser le fumier des rues ;
ainsi les balayeurs citadins et ceux de la
campagne pouvaient le recueillir tour à
tour, la nuit comme le jour ; d'autres fois
le nettoiement des rues était une immu-
nité, et alors il n'y avait que les balayeurs
désignés par les personnes privilégiées qui
pussent parcourir les rues pour enlever le
fumier qui s'y trouvait. Il paraît qu'aucun
de ces deux systèmes n'a réussi d'une manière satisfaisante. Lorsqu'il était libre à
chacun de ramasser le fumier, ceux qui
s'adonnaient à ce genre de travail, s'occu-
paient plutôt à calculer combien ils pouvaient faire de charges par jour que de
la propreté des rues. D'un autre côté, ceux
qui avaient la ferme du nettoiement des
rues, expliquons-nous, ceux que l'on payait
pour cela, étaient précisément ceux qui
s'en acquittaient encore plus mal. Quelle
différence à cet égard dans les deux systèmes ? Dans le premier, au moins, on
ne donnait rien, et cependant les rues
étaient mieux tenues ; tandis que dans le

dernier, il sortait de l'argent de la caisse
municipale et on marchait sur le fumier.
A qui la faute? Faut-il l'attribuer à la négligence et à la parcimonie des fermiers,
qui employaient peu de balayeurs? ou doit-
on en faire supporter le blâme aux agens de
police et aux autres personnes chargées de
surveiller l'exécution du contrat passé entre
l'Administration et les entrepreneurs? Nous
croyons que c'est un peu la faute des uns
et des autres.

Mais quel est donc le meilleur mode
d'opérer, comme il faut, le nettoiement
des rues? Nous pensons qu'il faut en venir
encore à l'entreprise ; c'est le seul moyen
qui puisse remplir, d'une manière satisfaisante, les vues de l'Administration.

On ne doit pas regarder de près à la
dépense que cela pourra coûter, pourvu
que les conditions qu'on y mettra soient bien
remplies; voilà l'essentiel. Comment pour-
rait-on calculer quelques mille francs de
plus ou de moins, lorsqu'il est question de
maintenir la salubrité publique et de pré-
venir toutes les causes capables de faire
naître quelque épidémie? Ne vaut-il pas
mieux employer les deniers de la commune

à conserver la santé d'une population de
150 mille ames, que de donner annuelle-
ment soixante à quatre-vingt mille francs
pour lui procurer la facilité de jouir du
plaisir de la comédie (1). Nous voulons sup-
poser que le nettoiement des rues, fait comme nous l'avons proposé, coûtât *vingt mille
francs* par an. Ce n'est rien en comparaison
de ce que dépense la capitale pour le même

---

(1) En nous exprimant ainsi nous n'avons pas eu l'in-
tention de regarder le Théâtre comme une chose inutile;
bien loin de là : nous croyons au contraire que cet établissement est nécessaire , tant sous le rapport politique
que sous le rapport littéraire. Il est effectivement re-
connu que dans les grandes villes, avec exubérance
d'étrangers, il faut au peuple du pain et des amuse-
mens : *panem et circenses.* C'est là le vrai moyen d'empêcher qu'il ne se livre à différens désordres. La fré-
quentation du théâtre peut obtenir ce résultat.

D'un autre côté, il faut avouer que le théâtre inspire,
forme et maintient le goût de la littérature; goût qui est
blasé, car depuis quelque temps les autels de *Melpo-
mène* et de *Thalie* sont presque déserts : la politique
absorbe tout ; la littérature solide et positive est à peu
près entièrement délaissée; tout le monde se jette sur les
brochures éphémères et les journaux quotidiens. Espérons que cette passion ne sera pas durable et que,
revenant à l'étude du vrai, l'administration théâtrale
ne sera plus paralysée et n'aura plus besoin d'appui
pour marcher.

objet. Car nous savons qu'il sort, toutes les années. de la caisse parisienne trois à quatre cent mille francs exclusivement destinés au nettoiement des rues.

Quand nous avons dit qu'il pourrait en coûter *vingt mille francs* par an, nous avons peut - être porté la somme un peu haut. Car il faut observer que le fumier qui résulterait du nettoiement, rapporterait beaucoup, et que l'entreprise en retirerait le plus grand parti.

Tels sont les moyens qui nous paraissent les plus propres et les plus efficaces pour opérer le nettoiement et l'assainissement des rues de Marseille et de son port. Parmi ces moyens, il y en a qui sont très-importans, mais dont l'exécution paraîtra peut-être difficile; et il en est d'autres qui, quoique secondaires, présentent néanmoins un grand avantage pour la salubrité publique et qu'il faudrait se hâter de mettre en usage, surtout dans les circonstances actuelles où l'Europe entière paraît être menacée du plus grand ennemi de l'espèce humaine, du Choléra-morbus.

L'Administration pourrait réunir ensemble tous ces moyens et former une espèce de code d'assainissement et de nettoiement;

code dont elle s'efforcerait de suivre les er-
remens, et qu'elle léguerait ensuite aux
autres administrations qui lui succéderaient.

Ici se termine notre travail sur la question proposée. L'avons-nous résolue de manière à satisfaire l'Administration? C'est à
elle à prononcer. Nous avons fait du moins
tous nos efforts pour cela, et nous aimons
à croire qu'elle nous saura gré de notre zèle;
c'est là tout notre espoir. Eh! comment pour-
rions-nous en avoir d'autre? Indépendant
par caractère, solitaire par goût et constamment muet devant la médiocrité préten-
tieuse, tout cela plaît à peu de monde et
ne saurait faire des partisans; aussi som-
mes-nous sans Mécène. Mais nous nous
trompons, et notre erreur est grande : nous
sommes certain, au contraire, que les
membres du conseil, justes et impartiaux,
fesant la part à chacun selon sa capacité, et
à chaque capacité selon ses œuvres, seront
les protecteurs de notre écrit, s'ils reconnais-
sent qu'il a des droits à la palme municipale.
Alors, quoique arrivé un peu tard, nous
pourrions avoir quelque chose de plus que
les os du festin, et dans cette concurrence,
l'axiome de l'Évangile, qui dit que les der-

niers seront les premiers, recevrait son application. Voilà le difficile, nous allions dire phénoménal.

Nota. Les doutes que nous venons de manifester sur le succès de notre Mémoire se sont confirmés. Il paraît que notre travail, ainsi que celui de nos confrères de *Marseille*, de *Strasbourg*, de *Lyon* et d'*Avignon*, qui, comme nous, étaient entrés en lice, n'a point fixé d'une manière particulière l'attention de MM. les Conseillers chargés d'examiner les différens mémoires envoyés au concours. Nous ne nous plaignons pas du jugement qu'ils ont porté; il doit être d'autant plus justement fondé, qu'ils ont mis plus de six mois à l'élaborer. Nous félicitons sincèrement le candidat qui a été couronné, ainsi que celui qui a obtenu une mention honorable. L'un, dit on, appartient au génie des mines, et l'autre au commerce : cela doit faire plaisir à ces deux corps recommandables.

Quoique les médecins aient été vaincus sur un sujet qui était presque entièrement de leur domaine, toutefois ils ne doivent pas se décourager; au contraire, il faut qu'ils fassent de nouveaux efforts toutes les fois qu'ils pourront être utiles à la chose publique : qui sait, si quelque jour, dans une question qui se rattacherait au commerce, ils ne pourraient pas être victorieux? Cela ne serait pas du tout étonnant : n'a-t-on pas vu, tout récemment, M. Moreau de Jonès, stratégiste de profession, remporter un prix sur un sujet purement commercial?

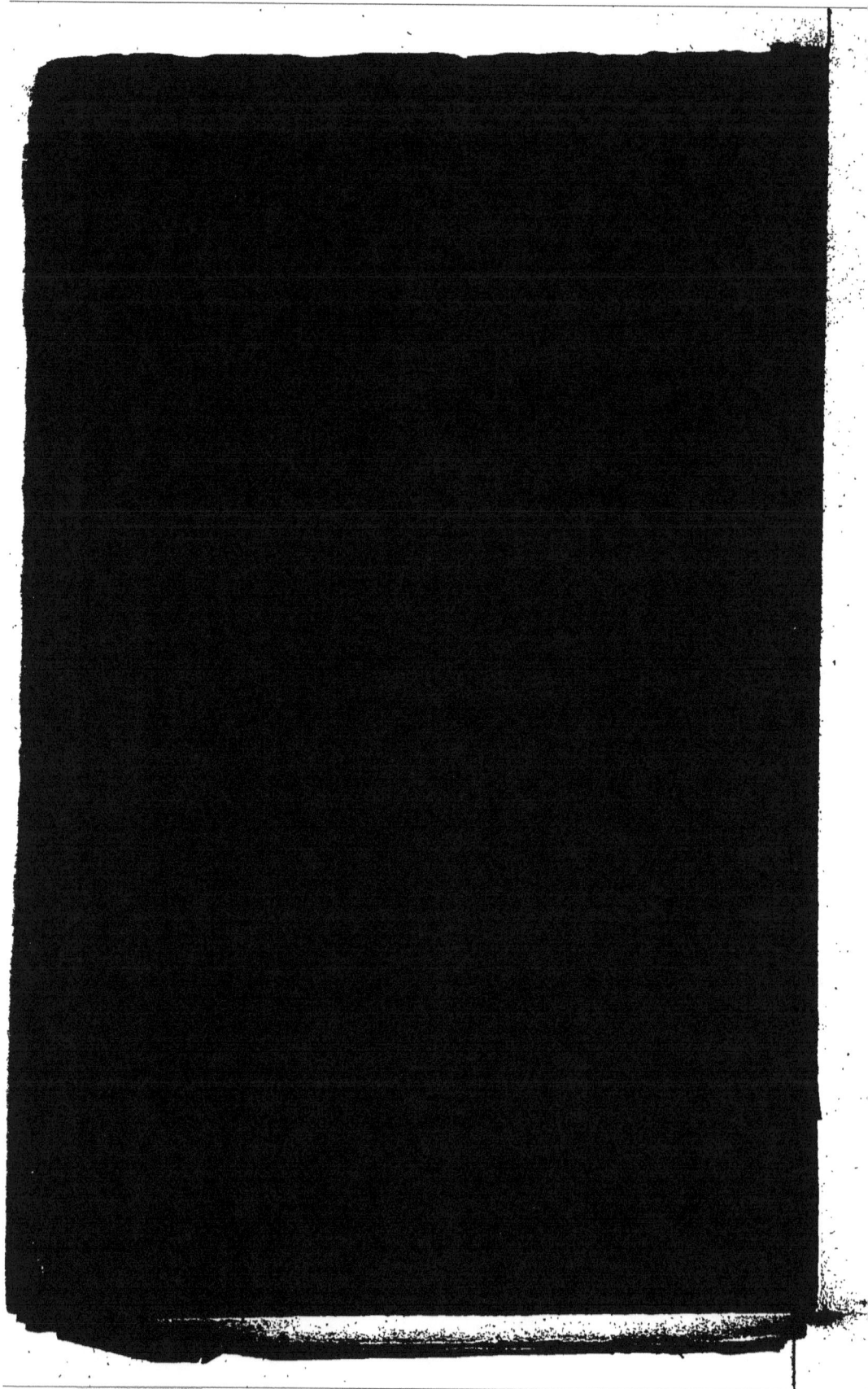